MAITE MARTÍ VALLEJO

LA ÚLTIMA COCA-COLA

Editorial Dilema
Madrid, 2024

Colección de poesía dirigida por Antonio Ortega

© Maite Martí Vallejo, 2024
© Luz Pichel por el prólogo, 2024
© Editorial Dilema, 2024
Ibáñez Marín, 11 - 28019 Madrid
Teléfonos: 91 472 90 71 - 670 367 479
info@editorialdilema.com
www.editorialdilema.com
ISBN: 978-84-9827-666-4
Depósito legal: M-8503-2024

Diseño de Colección: María Pérez-Aguilera
Diseño de Portada: Esther Hernández
Maquetación: Toñi Riera Vales

Mi lectura de *La última Coca-Cola* no es perfecta, pero la tuya tampoco

porque es imposible ¿Cómo se lee un libro de Maite Martí Vallejo? ¿Cómo se toma una última coca cola? ¿Qué clase de mareíllo feliz o triste se nos pone en la cabeza? ¿Qué daño, qué favor, que bien nos hace bebernos esto? ¿Cómo llevamos la resaca? Porque está claro que es esa su intención, hacer que nos pase algo.

Iba yo a escribir ahora "No es una escritura complaciente", pero entonces me recordé a mí misma sonriendo mientras leía, emocionándome, claro que sí, ante esa manera martiana de hacer lo imposible, de querer llegar a donde no se llega: *La mejor escritura consiste en cortar y sacar todas esas capas invisibles.* Esa manera suya de dejar aparecer al lenguaje, revuelto y ajetreado tal como aparece si lo dejamos.

A veces, las frases, los versos, parecen conectarse por una suerte de coincidencia mínima, y otras veces es preferible, lectora mía, que te olvides y sigas entrando más aún en el jaleo, gozando de lo que pueda venir a continuación, ¿quién dijo que fuera fácil contar sin seguir diciendo lo que se dijo tan repetidamente, tan plomiza-

5

mente que ya ni se escucha? Necesitábamos algo más de ligereza, de frescura.

Maite Martí Vallejo, entre otras cualidades humanas que le conozco, es singularmente generosa dándonos claves posibles para que podamos acercarnos a leer lo imposible. A veces lo logramos y a veces aceptamos no llegar a ver lo invisible o lo imposible. Quizás, entre otras cosas, porque tampoco ella aspire a verlo todo. Y no es que lo quiera ocultar, es que existen la ambigüedad, la contradicción, la confusión, el misterio. También ocurre que no hablan sólo los significados, pues también estos llevan a la confusión: el lenguaje en su uso "corriente" (ella trae el ejemplo de un mensaje de contestador automático) puede resultar oscurísimo.

¿Puedo usar su historia para contar lo que sé? Esta sería una de las claves. Pero no deja de ser una frase y por lo tanto también es ambigua: ¿Se pide permiso al *otro o a sí misma?* ¿Qué quiere decir lo que sé? Aún así, la intención de establecer un diálogo con el lector y con otros parece clara. Sorprende lo extranjero de los nombres de esos otros. Provienen de lecturas, del cine, de una canción, pero también vemos el nombre de un monte convertido en algo que parece un título, por ejemplo. Es llamativo que esos nombres nos llevan siempre hacia fuera (*¿Para qué una historia local si el centro de todos los sentimientos no es de aquí?*), porque todo eso de lo que habla es cualquier cosa menos provinciano o personal, *afecta a más de 23 millones de americanos,* es decir, a todo ser humano, ¿quién no se ha tomado una vez una Coca-Cola?

6

Presume de abstracción porque a mayor abstracción menos espacio para la ambigüedad: Esta frase puede ser de la autora, parece suya, pero puede haberla escuchado, ¿verdad que no parece suya esta otra: *Lo mínimo que puedo hacer es agradecérselo. Una vez y otra y otra y otra?* Ocurre con frecuencia que nos preguntamos si algo lo está diciendo ella o se lo han dicho, la han juzgado, la han acusado, se está culpando a sí misma, está refiriéndose a otros. Alguien en el mundo, eso es lo que parece que quiere ser. Digo que parece suya, la que encabeza este fragmento, porque parece sentirse cómoda aceptando la ambigüedad. No hay grandes verdades en este libro. Dice en otro momento: *La poesía, al igual que las matemáticas, permite representar objetos imposibles pero no cumple una función resolutiva, no traspasa la puerta, no verifica.* Así es como Maite Martí Vallejo nos va regalando una poética.

Al poema se le sigue pidiendo que hable y preguntando qué dice, como si no bastara con lo que hace. Y ya puede ella afirmar que su libro no *dice* sino que *hace*, porque no acabamos de creérnoslo. En realidad, *hace* porque *dice*. Al revés, también vale: *dice* porque *hace*.

Nos hemos acostumbrado a repetir y algunas hemos llegado a pensar, pobres, que éramos buenas cuando obedecíamos (¿*Después de cuánto silencio hablar se convierte en violencia?* —se pregunta, me pregunto—). Son frecuentes en el libro las alusiones a la obediencia gregaria, al *error común*, lo *monocromo*, a lo extraño que resulta un defecto insólito, el color púrpura, un trastorno raro, un comportamiento

7

singular, beber agüita del grifo en un VIPS. Su escritura está en ese lugar, el del "trastorno", el que no quiere ser lugar-común precisamente para que el lenguaje pueda recuperar la capacidad de decir. ¿Lo de siempre en poesía? La poesía también se repite, también desgasta, no queremos eso tampoco. Pero además, cuando una termina de leer *La última Coca-Cola* y se da cuenta de que el lenguaje poético (y el otro también) dice de muchas maneras, a una le parece que Martí Vallejo no hubiera podido escribir de otro modo. Es muy revelador este fragmento (ni ella misma se cree lo de que "no serví para nada" pero me gusta esa defensa de lo inútil):

Y empecé a darme cuenta de que, en realidad, los recursos no eran tales y que servían poco. Porque viví como una salvación un estado alterado de conciencia. No serví para nada. No ordené la información ni la coloqué sobre la mesa. No descarté lo que no encajaba ni descubrí la pieza faltante: quién nombra y qué y cómo comprenderlo.

Ella no ordena las frases, no las coloca sobre la mesa, no descarta lo que no encaja, no se empeña en buscar la pieza que falta y le da igual quién nombre y qué y cómo comprenderlo. Ella dice no saber *si es posible localizar el punto exacto en el que una oruga y su equivalente metafórico se separan,* tenemos que tener en cuenta también esta clave. Creo que, de algún modo, estas dos claves tienen mucho que ver. Y ya me callo.

Cuando quiere "hacernos algo" con el lenguaje, es muy consciente de que el lenguaje no habla sólo con el signo, que no aporta ninguna certeza. *Compraré una mesa de café y haré una ventana con ella.* Habla la sintaxis, la del texto y la de la frase, descomponiéndose y sorprendiéndonos, pero habla también la sintaxis de la frase "normal", incluso todo lo que la sintaxis omite. Martí Vallejo lo explica en esta otra clave: *Este verano me quedaré en Europa y así darás por entendido que los anteriores veranos crucé el océano.* Habla el pensamiento lúcido perdido en una maleza de frases salvajes, que son salvajes porque no están domadas, pero entre lo salvaje aparece la celinda cultivada, bien podada, crecida y colmadita de flores. Y entonces brilla más, destaca, sobresale. O aparecen inesperadamente frases rebajaditas de euforia llenas de luz inocente y humilde (las violetas silvestres son así) contra la falsa elocuencia de tantos discursos poéticos o no. Traigo tres ejemplos que aparecen en lugares diferentes: *Se creyó todas mis chorradas. Mozart era un gilipollas. Una imbécil burlándose de otra imbécil.*

Antes mencioné la ligereza del texto. Es una sensación nada más. El texto es difícil, claro, es difícil decir lo que somos en el mundo que está siendo. Creo que esa sensación de ligereza nos viene de la potencia de este texto en su capacidad para sorprender, que es constante. Hay una manera inocente de andar la vida que siempre resulta refrescante y sorprende porque no es la más común. De esa sorpresa básica vienen las otras. No se habla de ello, creo, pero se acaba sintiendo, la inocencia, su encantamiento, su inutilidad. Es sorprendente entonces cómo se trata en ocasiones lo obvio: *Una enfermedad que no mata impide resucitar.* O esta otra: *El amor es un sentimiento, ¿no?* Frases así, pronunciadas en medio de la selva, resultan ser verdades pequeñitas llenas de profundidad y de pregunta, se parecen a refranes sin ambición moral. Cerquita de lo popular, vaya. Es sorprendente también cómo se puede escribir difícil y darle tanta intención y despojar el poema de toda solemnidad. Es sorprendente la emoción que provoca en el lector al hacer esto, escribir tan llano y también tan barroco. Es sorprendente el ingenio: *Si la copa está medio vacía, probablemente necesite un nuevo sujetador.* A veces parece que no hay conexión entre los fragmentos, y sí, sí la hay. Y otras veces no la hay. Causalidad y casualidad, porque los relatos que nos hacemos a nosotras mismas no tienen por qué ser lineales, que una cosa es el batiburrillo del pensar libre y otra cosa una autopista.

Al final de la lectura, nos vamos quedando, sin saber bien de dónde viene, con la sensación de que el error nos es inevitable, de que no hay volver atrás en ese error, de que estamos vaciando un vaso, un no saber muy bien hablar de lo que fuimos ni de lo que somos porque también nos desconocemos y sabemos que mentimos cuando queríamos decir la verdad (*Dije la verdad creyendo que no lo era*). Y así de inocentes vamos algunas por ahí. Se te mete en el cuerpo una inseguridad que flipas. Es sorprendente cómo se puede hacer hablar al tono que decides darle a un libro, todo lo que puede ir poco a poco generando en el lector. Una se queda finalmente con algo así como el corazón encogido ahí dentro, una melancolía que no es tristeza, que a su vez es energía, ganas de quererse y de dar la mano porque se siente parte de todas, humildemente unidas en el no saber, en una cierta sensación de fracaso que es el vivir, el amar, el ser mujer, el ser madre, el simplemente ser, algo así como si estuviéramos tomándonos juntas una última Coca-Cola en un mundo que cae. No sé muy bien si para pasar a tomar algo más fuerte (quiero pensarlo: más belleza, poesía más como esta) o para dejar de beber lo que beben todos, o simplemente para dejar de beber sin más (quiero pensar que no).

Luz Pichel.

LA ÚLTIMA COCA-COLA

Por un solo hombre —dijo San Pablo— entró el pecado en este mundo y por el pecado la muerte; así también la muerte se fue propagando en todos los hombres, por aquel solo Adán en quien todos pecaron.

(Rm 5, 12)

I

Los hijos de Caín eran ya sacerdotes y médicos

Es un error común si afecta a más de 23 millones de americanos

¿Puedo usar su historia para contar lo que sé?
Ningún ojo humano normal es capaz de descifrar
el valor luminoso de esto.

La carne de mi carne.

Parece un drama porque asociamos los nombres
a un destino pero si abres el caparazón y exprimes
el florecimiento, obtienes una única gota.

Dile a la gente que todo va bien y la gente
se lo creerá.

Tuve una profecía muy concreta y después anuncié
que iba a reescribir la Biblia íntegramente.
Una Santa Biblia Púrpura bendice el mundo
y el mundo obedece y calla.

Primero mataremos al más fuerte

Seguramente sea Mozart el personaje más famoso al que se le
  ha atribuido el síndrome.
Le debía más a la fantasía que a los datos concretos. Las curas
  milagrosas
no conciernen solo a los judíos. La yaya decía *jodíos* y *tócate
el pijo*. Muchos golpes,
pero ninguno tan sucio que no se pueda lavar.

Ahora soy mejor. En el sentido de que no me libero de él. Sin
  embargo,
existe una sombra que engendra y disemina lo mismo:
la paz de las alturas. Haz que sea salvo y
no te negaré que acudí
no para compadecer
sino para abatir.

Mozart era un gilipollas. Trabajaba a la luz de las velas.
Un hombre ardiente se quema y la multitud asume
que solo es sobrenatural quien puede.

De actitudes como la dependencia nacen ríos que se separan y forman lagos

Blue Ridge

Utiliza guantes para recoger el fluorescente, saca los fragmentos
    y el polvo
con cinta adhesiva. Creía que todas las momias contenían betún
y que el betún detenía las hemorragias.

High Falls

Si cuanto más oscuro, más hermoso y en el grado máximo de
    la hermosura,
cuenta que una noche ve a Goethe con el rostro muy blanco y
    vestido
con un corpiño rojo escarlata. Está allí, inmóvil, sentando las
    bases.
Juro por el principio de la oscuridad que hay muchas pieles
    rojas en América
pero ninguna me había impresionado tanto.

Allatoona

¿Cuántos temas son? En la garganta se quedan.
Recuerdo ir a visitarlo al hospital y preguntarle si lo que
    parecía caer de sus ojos
era una aleación o era lo que parecía.

Blackshear

Los que comían caracoles estaban famélicos. ¿Era eso el pecado
    original?
He imaginado que, como mínimo, tiene un nombre dulcísimo.
Así esperaba liberar el alma. El mal, es una gota dentro del
    molusco.

Tiene valor haber contado, sin ayuda, las montañas de conchas.

Seminole

Aunque hay un solo nombre para el dolor, hay muchas formas
    de ser excesiva.
Derrama de otro origen *la malaltia que no és comuna* es propia.
    Por haber faltado
a mis deberes se extendió y te diste cuenta porque prometí curar
    que no cumplo
mi palabra.

Burton

Dije la verdad creyendo que no lo era, que eso no podía pasarnos
    a nosotros,
como si nosotros fuera a resucitar por estar en un prado verde
    y florido. En efecto, la risa.
Pero también un vestido bonito porque lo feo era señalar sin
    evidencias claras, toser,
estornudar o hablar.

Intento reproducir las últimas horas

Johann Lukas Schönlein vive con sus padres. Su madre muere,
    se queda solo con su padre y,
simbólicamente, forma una pareja con él. Una amiga se lo
    hace notar y es un shock.
Se va a un monasterio, se levanta para orinar a menudo,
    incapaz de vaciar por completo la vejiga,
ve a un perro que tiene una erección, coge un palo y golpea
    al perro hasta matarlo.

¿Limpio, no limpio, cruel?
Las metáforas son un argumento para la guerra, pero nadie
    aspira a tanto.

¿Normal, no normal, lógico?
El título quiere decir que las afirmaciones de este poema
    deben ser tomadas sin sentido místico alguno.
Todos besamos sus pies y sabemos lo que significa. El lenguaje
    de los sueños es un lenguaje estúpido,
dado que está saliéndose del tema debe ser comprendido de
    manera indirecta.

¿A quién le importa, a quién no le importa, importa?
La importancia de una laguna no está en relación con su

superficie, sino con su profundidad.

Si no sabe en qué día vive, el día no llegará.

No es un mensaje de esperanza, es evidente que Schönlein no lo hizo.

El enemigo

¿Se puede hacer algo por la gente que se autolesiona?

Eduard Heinrich Henoch responde "sí" y gana un viaje a
   Dresde para dos personas.
¿Por qué se cebaron allí los bombardeos? Tener un síndrome
   propio ya es mucho.
Una imbécil burlándose de otra imbécil, despreciándose en la
   proporción debida.

Harvey Williams Cushing, Padre de la Neurocirugía Moderna
   e Hijo de Bessie y Kirke,
responde "no". Angustia que responda tan rápido. Compra
   toallitas húmedas
en el Lidl de Grunaer y al llegar a la habitación del hotel las
   tira por el inodoro.
Peor es nacer en Cleveland y morir en New Haven. El pueblo
   alemán tragó
por todas las veces. Peor es la joroba de búfalo
y la cara de luna llena.

Cushing, cutting, casting. Cambiar el foro por la embocadura.
Porque los fenómenos naturales se considera que duran hasta
   la muerte.

Casi todas las calles se llaman Peachtree

No es fácil pronunciarla. Nunca ha gozado de preferencia y
solo el 3% la menciona.
El fruto del moral ha vuelto masculina la unión de los contrarios.
A veces bien negra.

Parece que he de saber por qué no le gusta nada de lo que me
pongo.
No es un indicio moderno. Un gran pecador a menudo celebra
la victoria con un traje.

¿Para qué una historia local si el centro de todos los sentimientos
no es de aquí?

Por eso domina el frío azul Yves Klein. El monocromo. Su obra
se etiqueta con muchas
palabras, pero exponer una habitación vacía y hacer cola para
verla solo se pronuncia con
una.

La sede de Delta Airlines

Kostroma camina por la orilla del río Volga con una corona de flores en su cabeza. Se jacta de que el viento no va a lograr tirarla. Pero cae al agua y es recogida por Kupalo. Kostroma y Kupalo se enamoran y se casan, sin saber que son hermanos. Kupalo salta al fuego, y Kostroma se ahoga pero no muere, se convierte en una Mavka. Extravasación, artralgias, exantemas. Eso hace la púrpura con la carne. La cobardía viene de no hacer el amor bien o de no hacerlo en absoluto.

La sede de la UPS

¿Qué quieres ganar? ¿Cuál es tu meta? Y morir joven. Quiero tirar el dinero, quiero que me mire la gente. Las pirámides se construyeron en tiempos de declive. La medida del exceso. Por mucho que tengas, seguir queriendo más. Cirugía plástica canina. Menos que cero. Ultradecadencia. Escogí mal y no encuentro la forma de pagarlo.

Creo que gran parte de mi arrepentimiento es que forcé las cosas. La diferencia que existe entre la vida real y una psicopatología. Las psicopatologías vienen y van. Si la copa está medio vacía, probablemente necesite un nuevo sujetador. El amor es un sentimiento, ¿no?

The lilacs, bending many a year,
With purple load will hang;
(...)

Till summer folks her miracle
As women do their gown,
Our priests adjust the symbols
When sacrament is done.

Las lilas, muchos años inclinadas,
colgarán con su púrpura carga;
(...)

Hasta que el verano pliega su milagro
como las mujeres sus vestidos,
o los sacerdotes sus símbolos
cuando acaba el sacramento.

Emily Dickinson

II

Nadie esconde lo que puede mostrar abiertamente

*Si algo de esto te resulta familiar, hay una buena noticia para ti:
no tenemos que hablar de ello. Las palabras aburren,
visten fatal, lo tocan todo.
Quiero que imagines la historia en tu cabeza. Quiero que
imagines que tienes un mando a distancia y cuando
yo llegue a la parte de la historia en la que no quieres pensar,
le des al botón de pausa.*

La cuna de Margaret Mitchell

¿Y si pudiera deshacerlo? Lo haría. Pero quién soy yo para
tener opciones. Intento razonar un acto irracional. Quería
saber hasta qué punto fui injusta.

Madre bien, mujer mal. La verdadera distancia entre el inicio
del desastre y salir del surco.

Se trata del trasfondo. El deseo desprendido de una pregunta
que aún es inédita. Eso no me pasó.
Las consecuencias por seguir mirando lo que aún está por
desplegar.

Si yo jugara a este juego, ¿quién podría estar en contra?

Y empecé a darme cuenta de que, en realidad, los recursos
no eran tales y que servían poco. Porque viví como una
salvación un estado alterado de conciencia. No serví para
nada. No ordené la información ni la coloqué sobre la
mesa. No descarté lo que no encajaba ni descubrí la pieza
faltante: quién nombra y qué y cómo comprenderlo.

Cualquier mujer que deviene madre espera resonar en el
infinito. Entiendo que es posible conservar las dos miradas

pero imposible mirar simultáneamente a ambos lados.

Mi madre está viva. Tal vez dentro de diez o quince años, no importe si estoy buscando el equilibrio fuera de nosotras.

Bajo el patrocinio

Yo no quería nada de esa señora: Gloria Eliza van Aerssen Beijeren van Voshol. Pese a su nombre tan complicado. Creyó que me iba a gustar porque es Givenchy. Pero está descolorido y apesta a *Sauvage*. La fragancia del hombre, Jack Sparrow castigado por el sol, entre lobos y búfalos.

Una imagen terrible acaba pagando el precio que otra más normal no quiere pagar. Un regalo regalado, regalar un regalo, *regifting*. Qué retorcida puede ser la gente que nada consigue por ordinario.

Agua fría sobre la cabeza porque el sexo también vuelve estúpidas a las mujeres.

Quizá Gloria tuviera un bolso a juego. Su padre era un barón de origen holandés que en sus horas libres tocaba el violín. Se supone que esto tiene que doler. Los cirujanos renacentistas, los regaladores y los regalados. ¿Quién tiene derecho a estar más ofendido y qué pasa cuando nos hacemos una pregunta tan difícil y sabemos responderla?

Íbamos a tener una vida genial.

Lo mínimo que puedo hacer es agradecérselo. Una vez y otra y otra y otra.

Ninguno de los graves errores antiguos importa si llega la gloria, como personificación, diciendo que sí, en su sentido más amplio y en favor de cosas como caminar y estar nuevamente de pie.

Casi al final, me lamento. Porque hay más agua que tierra. Es un deseo que no se cumple.
Pues el cumplimiento de ese deseo implica una forma de narración que no voy a compartir voluntariamente. Recrea el momento amoroso del alba, proyecta su fe y siente como salvación pasar del presente.

El ingrediente secreto

¿Es osado pensar que no tengo lo que tengo o pensar que
tengo lo que no tengo?

Hay quien prefiere la oscuridad porque solo ahí ve lo que
quiere ver. Así que cierras un ojo,
pero también te la ves.

¿Qué significa tener un defecto? He leído a un autor que
aconseja al hombre buscar la mujer de buenas narices
porque son símbolos de discreción y juicio.

Me suelo yo reír mucho, salvo del cuerpo delante de mis ojos.
Ningún secreto se transmite de hijos a padres. Todo lo que
tiene que darse en condiciones espantosas alguna vez fue
símbolo de amor.

Cocó Chanel se llamaba Gabrielle y amaba ser plagiada.
Greta Garbo nunca intentó aceptarse. Anaïs Nin tiene un
perfume que lleva su nombre. Hannah Arendt nació en
Hannover y se crio en Königsberg. La tradición alemana
exalta la soledad; no expone los sentimientos íntimos. Me
pregunto si he olvidado qué tipo de persona soy.

41

No me atraen los poemas que se inclinan sigilosamente

Absolem se saca el narguile de la boca y vuelve al principio de la conversación. La poesía es capaz de soportar la ausencia pero yo no. ¿Qué poema le pide recitar a Alicia? No importa. Ojalá el Padre William cumpla su amenaza. En casa tiene mucho genio pero en sociedad demuestra poco carácter. Es una parodia. En la versión de Disney Tweedledee y Tweedledum comienzan a cantarlo. La cortina que ha de correrse, el cuello que se extiende. A mí tampoco me da miedo ser anacrónica. ¿Quién seguiría los consejos de una oruga?

Chris in the morning, en la K-BHR: "Señoras y señores, directo desde Roslyn, Washington, el auténtico Brick". Pero no queríamos nada auténtico. Es una declaración muy fuerte. BOOM. ¿Qué es "BOOM"? La línea imaginaria. Ese pelotón que sigue en guerra sin saber que la guerra ya ha terminado. Quizá sea un error pensar en términos de conflicto. Los sentimientos no se equivocan. Son malos o tristes pero no son un error.

Susan Sontag está enamorada y descuida a muchas personas por el ansia de plenitud con una sola. ¿Quién promueve la conciencia y para qué? No sé si es posible localizar el punto exacto en el que una oruga y su equivalente metafórico se separan. Susan exagera. Se deprime si no es espectadora. No se puede decir toda la verdad cuando estás desempeñando un papel. En la cultura protestante el yo es un misterio para el "yo". Protesto. A los católicos también les encanta el silencio pero al poema se le sigue pidiendo que hable y preguntando qué dice, como si no bastara con lo que hace.

Cada modo de tratar la ficción tiene su inclinación psicótica: la costumbre, la obra maravillosa de Diego, *something in the way*, las sábanas del Hotel Paraíso, el timo del origen emocional, *queridita mía, tus manos son inútiles y ruinosas*, pintarse el borde de las pestañas para resaltar la esclerótica, el maquillaje de pasta de arroz del Katha Kali indio.

¿Después de cuánto silencio hablar se convierte en violencia?

Un poema sin par

Mirándome, juzgándome y desaprobándome. Presume de abstracción porque a mayor abstracción menos espacio para la ambigüedad. La poesía, al igual que las matemáticas, permite representar objetos imposibles pero no cumple una función resolutiva, no traspasa la puerta, no verifica. A César Vallejo le salía espuma. ¿Cuál es mi modo de fracasar? Como asunto nos agotamos enseguida. La poesía no cabe en ninguna lengua y el imposible es doble. El dos divide, separa. ¿Es natural o aprendido? Quejarse del deterioro no sirve de nada "si nadie escucha/ lo que te queda por no decir".

Una mujer un poco peligrosa

Desleída. Premio al ingenio. No era como competir con Oscar Wilde. El poeta en el centro de la sublimación junto al físico de partículas, el músico de jazz y el cocinero. ¿Cuál es la forma más astuta de crear realidad? Todo el mundo se lo pregunta. Una realidad de ida y vuelta. Regresar, además de separación, implica pérdida. Un efecto de totalidad que solo puede verbalizar por partes. Una raya de tiza en el suelo en estado constante de rabia porque no existe el lugar donde abarcar y contener el signo inequívoco.

Un gesto que aún me conmueve

León Félix no monta la maquinaria, exhibe el mecanismo. En 1989 publica *El oscuro semejante*. Yo tenía once años y todos mis poemas se titulaban "Lluvia" en lugar de "Gas" o "Novocaína". Las palabras pierden el sentido cuando las repites una y otra vez.

Sobra decir que no siempre es posible avalar un comportamiento que no se ha visto nunca. Negar la utilidad de lo que no puedes definir. Cuando el círculo degenera en espiral: la purga de Jim.

Los intentos son tan hermosos como fallidos.

III

Dar lo que no se tiene a quien no es

Otra imagen espectacular abre la puerta. Le sangra un poco la nariz y cree que es un aneurisma.
Se pone el dedo índice debajo del labio y aprieta.

El viejo

Se creyó todas mis chorradas. Le entregaba tesoros
que no eran míos. Los robaba. Como Indiana Jones.

Toda historia es el relato de la explotación
de mí para mí por ser mía.
Dejé de resistirme, dejé de oprimir y
no ocurrió nada en absoluto.

Por proximidad se esconde la verdad y te roza
el hombro. Es obvio que no bebemos
continente sino contenido. ¿Quieres saber
lo que me decía?

Pues los cambios y el asco llegan incluso entre los amantes
de la misma edad.

Ojalá aguante, en serio

Preferiría morir
a limpiarle las legañas de los ojos a un pobre pecador.

¿Quién quiere trabajar la víspera de su muerte?

Algunos piensan que la oración
es una defensa inmadura porque ignora o detesta
lo que no proviene de ella misma. Las relaciones
necesitan verbos: clamar, implorar, solicitar, pedir,
reivindicar, suplicar, exigir, desear, rogar, querer,
urgir, mendigar.
No ver la hora de ir tras, despepitarme,
chiflarme y estar loca por dar un dedo o una mano,
por devorar o tragar con los ojos, comerme con la vista,
ir de cabeza y arder.

¿Qué enfermedad es mejor que su tratamiento?

Había una niña que ahora es una mujer. Un enfoque
perverso. Un poema en castellano
traducido al catalán.

Ni el dinero ni la educación pueden corregir
la impertinencia. Pero eso no es lo peor.
¿Te digo lo peor? Si realmente deseara
profundizar le habría otorgado más
que el mero significado.

¿Cómo sabremos si somos felices?

Por falta de pistas empujo puertas de las que debería tirar,
tiro de puertas que debería empujar y me tropiezo
con puertas que deberían deslizarse.

Sé que el vaivén del vidrio ayuda a reducir la corriente
de aire, que la visibilidad es uno de los principios
más importantes del diseño. ¿Pero qué pasa
si el resultado no es visible?

La falsa causalidad es la base de muchos poemas.

La vida es más fácil si puedes saber quién es quién a distancia

El manual dice: "Marque el número de la extensión que suena y espere el tono de comunicar. Después marque el 8 para conectar con la llamada de entrada".

¿Por qué resulta tan difícil de comprender?
Y la respuesta consiste en dar un ejemplo.

La retroalimentación no es buena.
Por lo común, lo imposible no es visible.
Pero invisible no significa oculto.

Para elevar un poema hay que apretar
y soltar el botón.

Estoy escribiendo un libro porque mi hermano se puso muy malito de un día para otro

¿Hay alguien ahí fuera?
Fox William Mulder. Número de agente 22791.
Graduado en psicología. "Summa cum laude".
Oxford University.

El 27 de noviembre de 1973 estaba a cargo
de su hermana cuando fue secuestrada.

Estos datos son sorprendentes gracias a la poesía.

Aielo de Malferit

La Coca Cola nació en un pueblo de Valencia. Se llamaba
Anís Celestial y se etiquetaba como jarabe.

Tres amigos: Bautista Aparici, Ricardo Sanz y Enrique Ortiz.
Aparici viajaba mucho a Estados Unidos. De allí trajo
una vid muy resistente.

De lo privado a lo sagrado.
Perfecto amor, placer de damas, lágrimas de contribuyente
y leche de vieja.

¿Y estos datos, qué son?

No siempre es posible tener presente

La mejor escritura consiste en cortar y sacar
todas esas capas invisibles.

Viga de alma llena.

Después de todo, un alma congestionada de cosas pequeñas
eleva un pedestal flotando en el aire, separa lo que es
inseparable
porque es un conjunto, *escucha a tu propia salva*, una rumba lenta
cantada en español.

En muchos países o en nudos formando triángulos
puso la limosna en la mano del leproso y se la besó.

Sobre el filo han dicho de todo

El cerebro de las cabras está húmedo.
Si le abres a una la cabeza lo verás
rebosante de líquido hidrópico.

No pienso hacer eso.

Quizá lo que vale
es lo que no surge
de ningún esfuerzo.

¿Qué pasaría
si todos leyeran lo que escribo?

Del pico a las garras

Solo quiero recordar cada detalle.

¿De veras esto habla de nosotros?
Sales tú, salgo yo y una bebida que usaban
los nazis para hacer cantar a la gente.

No se puede honrar al creador y sus
criaturas ni se denomina "luz"
a una fuente porque *brolle*.
Del *cat. brollar, brotar, borbotar.*
Nacer o hervir.

Leberkleister. Patrón de la caza.
Aunque hayamos perdido.
Si sobreviví no fue
para proteger una fórmula.

Una enfermedad que no mata impide resucitar

Como en casi todos los guiones yo rehusé hasta que sucumbí.
Se sucumbe ante la fortaleza porque es cristiana o es militar.

Su eslogan dice: "El mejor codillo de Düsseldorf, esa vibrante
ciudad a orillas del Rin".

Estoy harta de los desafíos.

Utilizar la carnaza en lugar de la verdad solo sirve para mantener
al asesino entre nosotras.

Compraré una mesa de café y haré una ventana con ella

Vilallonga es el amante del momento.
De Vilallonga y Cabeza de Vaca,
descendiente de Fernando I de León
y del Barón de Maldá.

La *Maldá, l´ennemi dans l´ombre, le rendez-vous de minuit.*
Debe escribirse con mayúscula porque es Sagrada
como los Hechos y las Mieses.

A veces la curiosidad, a veces el experimento y a veces
solo el pálido reflejo desde una ventana.
Hice una ventana con una mesa para volverla a cerrar:
les mauvais coups, les bonnes causes. Nunca hablo de mi intimidad.
Es sombra. Sin lo suyo propio, sin rostro ni senos de bella amada
para luego devorarlos.

Este verano me quedaré en Europa y así darás por entendido que los anteriores veranos crucé el océano

De vértice a vértice se traza la línea de todas las cosas.
Lo digo para especular. La especulación es la medida más exacta.

Cada uno va a comer a su casa. Es un acto que tiene una sola
    forma
pero en potencia miles.

Si mal no recuerdo tocaba la trompeta y batía las alas. O mejor,
tenía tronco de oro y ramas de oro y aunque parecía un árbol,
batía las alas. Hay otra categoría, pero nunca vi natural
mezclar en la boca e irlo desbastando.

No solo la sangre habla de lo suyo y ha de buscar al caer la noche,
más allá de la tierra cultivada, una sombra.
Debió de sentir que más allá de la tierra cultivada
se urde una sombra.

Es el único sentimiento soportable: cuando te queda muy poco
y escondes el resto.

El color de los dioses se convirtió, también, en el color de los pecados.

Nada de lo que nos rodea es púrpura.

Índice

II

Nadie esconde lo que puede mostrar abiertamente

III

Dar lo que no se tiene a quien no es